かんたんBEST
スロトレ&ストレッチ

東京大学名誉教授　理学博士
石井直方

JN111151

東京新聞

は じ め に

　近年、健康長寿と筋肉（骨格筋）の関係が注目を浴びています。筋肉には多くの機能がありますが、特に健康との関連で重要な役割を果たすものに次の３つがあげられます。

①主要な運動器として

　立ち上がる、歩くはもちろんのこと、呼吸、咀嚼（そしゃく）、発声などのあらゆる身体運動の原動力を生み出します。

②体温のための熱源として

　体温を維持するための体熱の約60％を産生しています。筋肉が減ると、冷え性だけでなく、肥満や糖尿病の原因にもなると考えられています。

③内分泌器官として

　「マイオカイン」と総称される生理活性物質を分泌します。運動に伴って分泌されるマイオカインの中には、脂肪や糖の代謝を促進したり、動脈硬化を予防したり、認知機能を高めたりするものがあります。

　筋肉の本来の役割はもちろん①で、②や③については副次的な機能ですが、筋肉は量が多いので、全体としてその影響が大きくなります。体重に占める骨格筋量の割合は、成人男性で約40％、女性で約35％にもなります。

しかし、若い頃にこれほどあった筋肉も、30歳を過ぎると加齢に伴って減り始めます。特に、太もも、お尻、おなか、背中の筋肉、すなわち下肢・体幹の筋肉は、普通に生活していても、30歳から80歳の間の50年間で約半分にまで減るとされています。一定水準を超えて筋肉量が減少した状態を「サルコペニア」と呼びます。

　サルコペニアはロコモティブシンドローム（運動器の疾患・機能低下により、移動能力に支障をきたした状態）を経て、転倒や骨折の原因になります。また、日常生活全般の活性が低下することで、「フレイル」と呼ばれる虚弱状態になり、そのままでは介護が必要な状況に陥ってしまいます。

　実際、2016年の国民生活基礎調査では、高齢者が要介護となった原因の第1位が「運動器の障害」となっています。第2位は認知症、第3位は脳血管疾患です。上に述べた筋肉の3つの機能から、これらのすべてに筋肉が関わっているといえるでしょう。

　サルコペニアの予防・改善に筋力トレーニング（筋トレ）が最も効果的なことは、多くの研究が示しています。筋トレを始める時期は、筋肉量の減少が加速する40歳代が早期予防として理想的ですが、高齢になっても決して遅過ぎるというわけではありません。90歳を超えても筋肉が増えたという研究もあります。

　高齢期の方や疾患のある方を対象とした場合、特別な器具を必要と

せず、自分の体重や四肢の重さのみを負荷として、無理をせず、家庭で簡単にでき、しかも効果のある筋力トレがあれば理想的です。しかし、これらの要件をすべて満たすことはきわめて困難です。筋肉を太くし、強くする生理学的条件として最も強力なものが、筋肉に大きな負荷をかけることだからです。

そこで本書では、スロトレ（スロートレーニング）を紹介します。スロトレは低負荷、少ない反復回数で筋肉が太く、強くなるという方法で、2006年に私たちが米国生理学会誌に公表したものです。その主な原理は、筋肉の収縮に伴う内圧の上昇を利用し、筋肉内の血液の流れを制限することによって、すばやく疲労状態に追い込んでしまうことにあります。

そのためには、「筋力の発揮を長時間持続しながら、ゆっくりと動作をする」ことがポイントになります。的確にできていれば、10回程度で「体はきつくないが、筋肉はとてもつらい」といった感覚になると思います。

このような状態になると、筋肉の中でのたんぱく質合成が高まることも確かめられています。また、高齢の2型糖尿病患者を対象とした私たちの最近の研究では、本書で紹介するような自重スクワットを4カ月行うことで、太ももの筋肉が平均約5％増加し、糖代謝も改善しました。

一方、加齢に伴って筋肉の柔軟性が低下し、関節の可動域も狭くなっ

ていきますが、これらを予防・改善することも重要です。そのために本書では、基礎的なストレッチも合わせて紹介しています。スロトレで鍛えたら、同じ筋肉をストレッチするというように、ペアで行うのがよいでしょう。

　トレーニングで最も避けるべきことは、無理をして怪我をしたり、体調を崩したりすることです。これでは元も子もありません。また、最初から厳しいプログラムを課してしまうと、長続きしない原因にもなります。まず、「すき間時間」などを利用して、気楽な気持ちではじめていただければ幸いです。回数にはあまりこだわらず、「筋力の発揮を長時間持続しながら、ゆっくりと動作をする」というポイントさえ意識して行っていただければ、着実に効果を感じられると思います。

も く じ

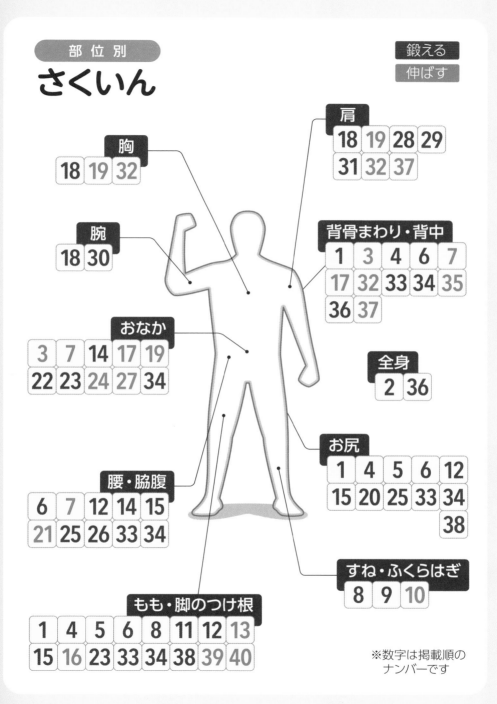

※数字は掲載順の
ナンバーです

9

スロトレ & ストレッチ

本書では、スロトレ（25）とストレッチ（15）を紹介しています。
スロトレでは筋肉を鍛え、ストレッチでは伸ばします。
両者を組み合わせて、あなたに合った体づくりをしましょう。

スロトレ　こんないいこと

通常の筋トレと違い、軽い負荷と少ない回数で効果が上がります。運動が苦手な人でも安全に続けられます

使っていなかった筋肉を鍛えると、体力がついて活動的になり、活動によってさらに筋肉が強くなる好循環に。基礎代謝も上がって、太りにくい体質になります

交感神経を活性化し、アドレナリンや成長ホルモンの分泌を促します。成長ホルモンは何もしないと加齢とともに減りますが、スロトレで分泌が促進され、肌の張りやダイエットにも効果的

即効的に筋肉の血流を促進する効果があり、末梢循環の改善やむくみの解消につながります

スロトレ　ここに注意

急なトレーニングはケガなどのトラブルを招くもと。必ず準備運動をして体と筋肉を温めてからスロトレをしてください。おすすめの運動は「ニーアップ」。その場で足踏みを 30 回します。腕を振り、太ももが床と水平になるくらい上げ、足首は直角に

スロトレはすべりにくい場所で。「フローリングに靴下」などは避けてください。熱中症に気をつけて水分補給も忘れずに

スロトレは動きがゆっくりなので、関節に急激な力は加わりませんが、腰痛、ひざ痛など痛みがある人は、無理をせずに痛みのない範囲で動かしましょう

心臓病、高血圧、糖尿病、腎臓病などで治療中や投薬中の人は、スロトレをしてよいか医師に相談してください

スロトレ　ここがポイント

重要なのは回数ではなく正しいフォーム。「筋肉がきつい！」と感じる回数をまずは1セット。慣れたら増やしていきましょう。「きつさ」を感じにくい種目もありますが、それらについては当初の目標の回数を示しました

力を抜かずに行うのが効果的。たとえば腕立て伏せなら、ひじが伸びきらないうちに曲げる動作に移ります

加齢で筋肉量が大きく落ちる太ももやおなか、お尻、背中は「立ち上がる」「歩く」などの動作に重要。特に強化します

力を入れる時に息を吐き、ゆるめる時に息を吸うようにしましょう。毎日繰り返さなくても大丈夫。上半身と下半身の筋肉を1日おきに週4日でも効果があります

おなかまわりや背中などは脂肪がたまりやすく気になる部分。ピンポイントで鍛えれば引き締まった体に近づきます

1つのスロトレで、休憩を入れるときは1分から2分程度にしましょう。それ以上休むと効果が薄れます

脂肪燃焼のゴールデンタイムはトレーニングの後。脂肪を燃やすにはスロトレ後に活発に動くとよいでしょう

ストレッチ　こんないいこと

スロトレ後のストレッチは筋肉の疲労を長引かせないようにするため。血行をさらに高める効果もあります

筋肉の緊張をやわらげると、体も心もリラックス。ストレス解消や安眠を促す効果も

継続すると、関節の柔軟性がアップして動かせる範囲が広がり、日々の動作がスムーズになります

血流をよくし、筋肉内の代謝物を取り除くので、疲労回復や肩こり、腰痛の緩和が期待できます

かんたんBEST

スロトレ&ストレッチ

東京大学名誉教授　理学博士
石井直方

東京新聞

No.**1** 4秒ずつかけて行う スロースクワット

1

太もものつけ根に
手のひらを添え、
足を肩幅よりやや
広めに開いて立つ

ひざは
やや曲げる

つま先は
やや外側に開く

ココを鍛える！

背中　　お尻　　太もも前面

- 立ったり座ったりするのに必要な足腰の筋肉を総合的に鍛える
- ひざに不安があれば、足を大きく開き、「しこ」のような姿勢で行う

2

手をおなかと太ももで
挟むようにして、息を吸いながら
しゃがみ、息を吐きながら4秒
かけてひざを伸ばしきる手前
まで戻る。これを繰り返す

胸を張り
背筋を伸ばす

ひざがつま先よりも
前に出ないように

▶目　標

きつい！と感じる回数×1〜3セット

筋肉を温める
ツイスティング
ニーアップ

1

足踏みしながら
腰のひねりを意識
して右ひじを
左ひざにつける

ひじとひざがつかな
くても構わない。上
半身を倒すことより
も、ひざを上げること
を意識する

ココを鍛える！

全身

・体と筋肉を温めるため、ひねりを加えながら足踏みする

・この種目は1秒で1回程度のリズムで軽やかに行う

2

左ひじを右ひざに
つける

ひじを
ひざにつける際に
腰をひねる

※1・2ともにひざを上げる
　ときに息を吐き、戻すときに
　息を吸う

▌ 目　標

20〜30回×1セット

No.3 身体の芯となる背骨を動かしやすくする

1

脚を肩幅に開いて立ち、両手を胸の前でクロスさせる。息を吐きながら4秒かけて、おへそをのぞき込むように上体だけを倒していく

骨盤（腰）を動かさない

ココを伸ばす！

おなか　背中

・スロトレを行う前の動的ストレッチで、ケガや関節を
　痛めるのを防ぐ
・背骨まわりの身体のコア部分をよく動かしてほぐして
　おくことが大切

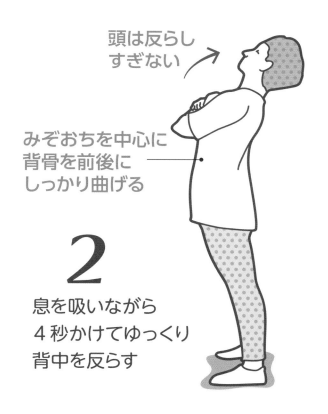

頭は反らし
すぎない

みぞおちを中心に
背骨を前後に
しっかり曲げる

2
息を吸いながら
４秒かけてゆっくり
背中を反らす

🚩目　標

５回×１セット

No.4 体幹を鍛える 骨盤アップ

1 あおむけになり、
足の裏を床につけて
両ひざを立てる

両脚のひざの角度は
90度くらい

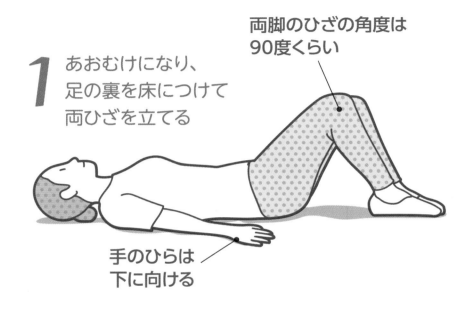

手のひらは
下に向ける

2 4秒かけて骨盤から
太ももを上げていき、
4秒間かけて元の姿勢に戻る

ココを鍛える！

背中　　お尻　　太もも裏側

・あおむけから背中を引き上げる動作で体幹を鍛える
・お尻と太もも裏側の筋肉がつくと長時間歩いても疲れにくくなる

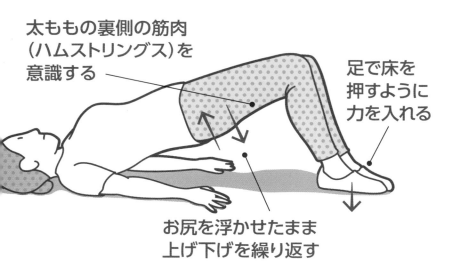

太ももの裏側の筋肉
（ハムストリングス）を
意識する

足で床を
押すように
力を入れる

お尻を浮かせたまま
上げ下げを繰り返す

きつい！と感じる回数×３セット

No.5 いすを使って バックキック

1

両手でいすの
背を持ち、
片脚を少し
後ろに引いて
浮かせる

上体はやや
前傾させて
動かさない

ココを鍛える！

お尻　太もも前面

・いすの背を支えにするので安定して行える
・お尻と太もも裏側の筋肉がつくと長時間歩いても疲れにくくなる

2

脚を上げた
ときに上体を
前に倒さない

股関節を支点に4秒かけて
脚を後ろに上げ、4秒かけて
元の姿勢に戻る。この動きを
繰り返し、反対の脚も同
じように行う

お尻の筋肉を
意識する

かかとで弧を
描くような
イメージ

🚩 目　標

きつい！と感じる回数×3セット
または10回×3セット

No.6 壁を使って足腰、お尻を鍛える

1

壁に右手をつき、
息を吐きながら
ゆっくりと左足を
上げてスタート

背筋は伸ばす

足を上げる
高さは床と
平行になる
くらいが目安

ココを鍛える！

背中　腰　お尻　太もも

・大腰筋（おなかの深部）やお尻などを鍛えて、股関節
の機能を向上
・壁を使って安定してできるので、スロトレが初めての
人にお勧め

2

息を吸いながら
4秒かけて左足を
後方にキック、
息を吐きながら
4秒かけて1に戻る。
右脚も同様に

上体が前傾
しないように

ゆっくり後ろに
蹴るような
イメージで

▶ 目　標

きつい！と感じる回数×1〜3セット
または10回×3セット

No.7 上体の関節や筋肉をほぐす

1

まっすぐ立って、両手を耳の付近にあてがい、足を肩幅に開く

骨盤ごと回すと、効果が得られない

ココを伸ばす!

おなか　腰　背中

・スロトレの前に体幹をよく動かすことが大切
・上体を左右にゆっくり回しておなかと背中周辺の筋肉
　をほぐす

肩は水平にひねる

2

腰（骨盤）を固定したまま、上体を4秒かけてゆっくりと横向きにひねり、ゆっくり戻す。同じように反対側もひねる

🚩 目　標

5回×1セット

つまずきを防ぐための足首パタパタ

1 いすに浅く座り、片方の太ももを引き上げたままの状態にする

いすの背にはもたれない

ココを鍛える！

太もも前側　ふくらはぎ　すね

・ふくらはぎの筋肉とすねの筋肉を鍛えて歩行がスムーズに

・すねの筋肉はつま先を動かす筋肉。つまずきや転倒予防に欠かせない

2 4秒かけてつま先を上げて、4秒かけてつま先を下げる

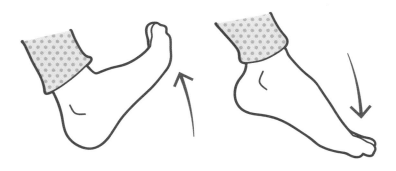

反対側の足も行う。足のむくみ予防にもなる

▌🚩 目　標

10回×1〜3セット

ふくらはぎを強くする

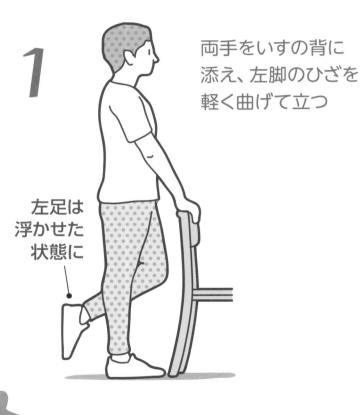

1

両手をいすの背に
添え、左脚のひざを
軽く曲げて立つ

左足は
浮かせた
状態に

ココを鍛える！
ふくらはぎ

・片脚に体重がかかるので、見た目よりも強度の高い
　トレーニング

・転倒しないように、いすや壁を支えにして行う

2　右脚のかかとを 4 秒かけて上げ、
　　4 秒かけて下ろす。かかとは
　　床につけない。反対側も行う

ひざはしっかり
伸ばしたままキープ

かかとは
できるだけ
高く上げる

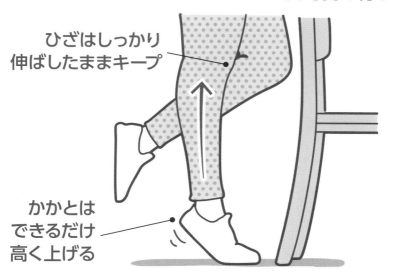

🚩 目　標

きつい！と感じる回数×１〜３セット
または10回×3セット

No.10 足首の柔軟性を 高めてケガを予防

1

前後に大きく
足を開き、腰の
前側に手を当てる。
ひざとつま先は
同じ向きにする

視線は
前に

胸を張って
背筋を伸ばす

かかとを
上げる

ココを伸ばす!

ふくらはぎ

・加齢で足首の動きが悪くなると、バランス能力の低下や転倒の原因になる
・ふくらはぎの筋肉やアキレス腱を伸ばすことで、足首の柔軟性を維持する

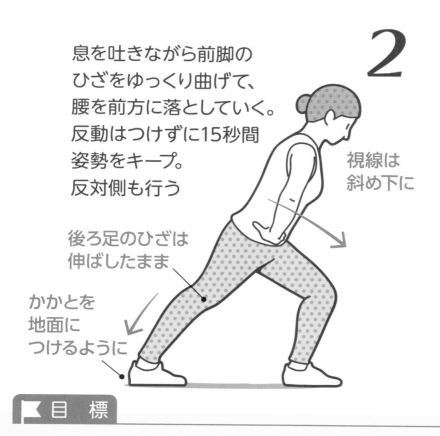

息を吐きながら前脚のひざをゆっくり曲げて、腰を前方に落としていく。反動はつけずに15秒間姿勢をキープ。反対側も行う

2

視線は斜め下に

後ろ足のひざは伸ばしたまま

かかとを地面につけるように

🚩 目　標

左右各1セット

ひざ痛を防ぐ

1 両腕はまっすぐ
斜め前に伸ばし、
左脚を台にのせる

ひざが90度以上
曲がる高い台は、
ひざを痛める危険が
あるので使わない

足の動き（左脚スタートの場合）

ココを鍛える！

太もも

・低めの踏み台を使ってひざ関節を安定させる筋肉を鍛える
・台がない場合は低い階段などの段差でOK
・左脚スタート、右脚スタートの両方で行う

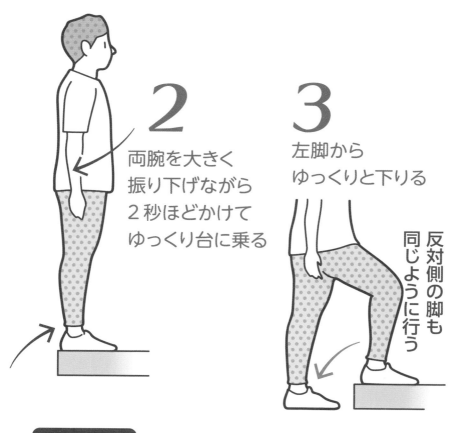

2
両腕を大きく
振り下げながら
2秒ほどかけて
ゆっくり台に乗る

3
左脚から
ゆっくりと下りる

反対側の脚も同じように行う

🚩 **目　標**

左右20回×1セット

No.12

腰、お尻、太もも後ろを鍛える

1 あおむけになって脚をクロスする。
お尻を少し浮かせる

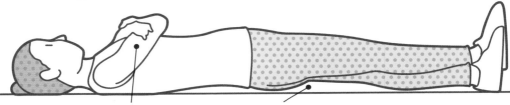

腕は胸の前で組む

つねにお尻は浮かせたままに

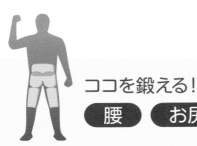

ココを鍛える！

腰　お尻　太もも裏側

- 背中を後ろに反らす筋肉は姿勢の維持に関わる重要な部分
- 無理せず可能な範囲で腰を持ち上げ、背面の筋肉にしっかりと効かせる

2 4秒間かけてお尻を持ち上げ、4秒間かけて1の姿勢に戻る

数回繰り返したらクロスする脚を入れ替えて同様に行う

ここを意識する

目 標

きつい！と感じる回数×1〜3セット

No.13 太ももの裏側を しっかり伸ばす

伸ばす側の脚を
斜め前に出し、
つま先を上げて
ひざを伸ばしたまま、
息を吐きながら
ゆっくり上体を
倒していく

1

後ろ脚のひざは
少し曲げておく

つま先は外向きに

つま先は
上向きに

ココを伸ばす！
太もも裏側

38

・太もも裏側の筋肉は、ひざを曲げたり股関節を伸ばしたりする働きがある

・硬くなりがちな筋肉なので、運動やスロトレの後はよく伸ばしておく習慣をつける

2 倒せるところまで上体を倒したら15秒間キープする。反対側の脚も同じように伸ばす

ひざはまっすぐ伸ばしたままに。曲げると筋肉を伸ばせない

大腰筋と腹筋を鍛える

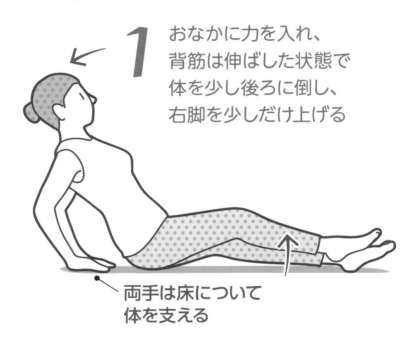

1 おなかに力を入れ、背筋は伸ばした状態で体を少し後ろに倒し、右脚を少しだけ上げる

両手は床について体を支える

ココを鍛える！
おなか　大腰筋

・大腰筋は背骨と大腿骨をつなぐインナーマッスル（体の深いところにある筋肉）

・直立姿勢を保つときに働き、歩行機能アップや寝たきり予防にも重要

2 息を吐きながら、4秒かけてゆっくり右脚を胸に引き寄せる。次に息を吸いながら4秒かけてゆっくり1の姿勢に戻る。5〜10回繰り返したら、左脚も同じように行う

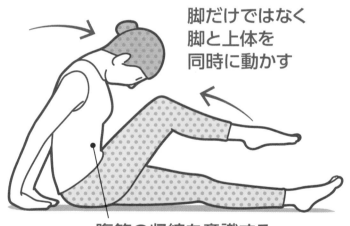

脚だけではなく
脚と上体を
同時に動かす

腹筋の収縮を意識する

▶ 目　標

5〜10回×3セット

バランス力を
アップする

1

右脚を大きく
前に踏み出し、
脚を前後に
開く

両ひざは
伸ばし
きらない

ココを鍛える！

腰　　お尻　　太もも

・転倒を防ぐために必要な筋力を高める。中高年におすすめ

・体がぐらついてしまう場合は、いすや壁を支えにして行う

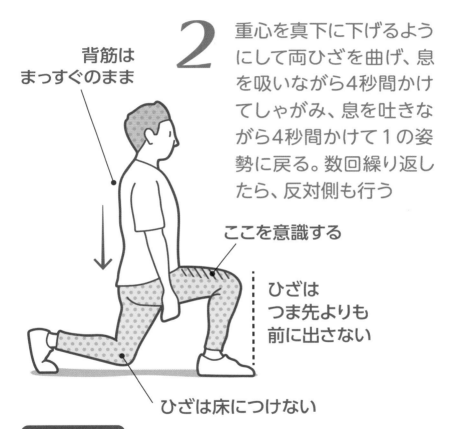

2 重心を真下に下げるようにして両ひざを曲げ、息を吸いながら4秒間かけてしゃがみ、息を吐きながら4秒間かけて1の姿勢に戻る。数回繰り返したら、反対側も行う

背筋は
まっすぐのまま

ここを意識する

ひざは
つま先よりも
前に出さない

ひざは床につけない

🚩 **目　標**

きつい！と感じる回数×1〜3セット
または5回×1〜3セット

スロトレで使った太ももを伸ばす

1

床に横向きに寝て
左足のつま先を手で
持ち、息を吐きながら
太ももの前側の
筋肉を伸ばす。
伸ばしたまま
15秒キープ

床に右手を伸ばして体を支える

背中は反らせない

足首ではなくつま先を持つ

ココを伸ばす!
太もも前側

・体が硬くてつま先を持てない人は、ひざの屈伸運動だけでもOK

・筋肉をしっかり伸ばしてほぐすと、関節の可動域が広がって動きがスムーズになる

2

さらに足を引っ張り、
股関節を後ろに
引きながら太ももの
前側を伸ばして
15秒間キープ。
反対側も行う

右足の位置は
動かさない

股関節を後ろに引く

無理せず
可能な範囲で

🚩 目　標

左右各1セット

キャット & ドッグ

1

顔は正面に

手足を肩幅程度に開き、ひざがお尻の真下に、手が肩の真下になるように、手とひざを床につける

2

天井から引き上げられるイメージで背中を丸めていく。背中の伸びを感じながら20秒間キープ

ひざを見るように首を曲げる

ココを伸ばす!

背中　おなか

- 背骨を1個ずつ動かすように、背中を丸めて反るストレッチ
- 背骨周囲の筋肉を伸ばして、姿勢を改善し腰痛を予防する

3

尻側の背骨から1個1個動かすようなイメージで、背中を反らせていく。腰の伸びを感じながら20秒間キープ

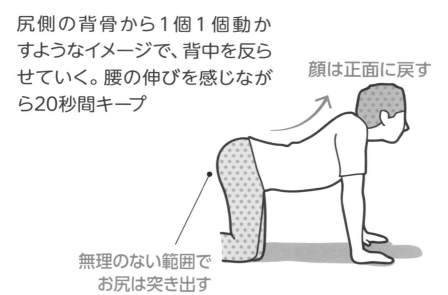

顔は正面に戻す

無理のない範囲でお尻は突き出す

🏳 目　標

1〜3セット

上半身の筋肉を鍛える

1 両ひざと両手を床につき、背中をまっすぐにする

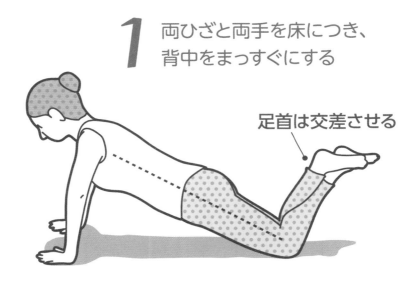

足首は交差させる

手幅は肩幅よりやや広めにして、ややハの字形に置くと胸筋によく効く

ココを鍛える！

胸　　肩　　腕

・転倒時に手をついて頭を守るために重要。ねこ背や
　姿勢の改善にも有効

・きつすぎる場合は腰を曲げてひざから下を床につけ、
　負荷を軽くして行う

2 息を吸いながら4秒間かけて両腕を曲げて沈み込み、息を吐きながら4秒間かけて両腕を戻して1の姿勢に戻る

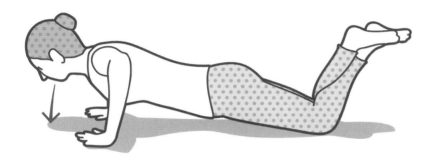

あごが床につくぐらいが理想。
つらい場合はできる範囲で

▶ 目　標

きつい！と感じる回数 × 1～3セット

x

No.19 大きく胸を張ってリフレッシュ

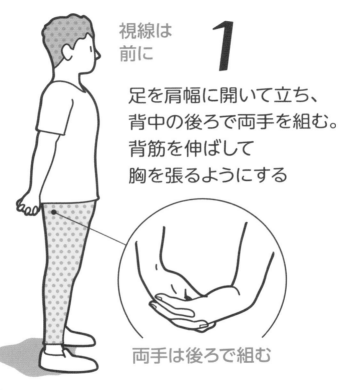

視線は前に

1

足を肩幅に開いて立ち、
背中の後ろで両手を組む。
背筋を伸ばして
胸を張るようにする

両手は後ろで組む

ココを伸ばす!

肩　胸　おなか

・上半身の肩、胸、おなかなどの筋肉を伸ばす。日常生活の中で習慣づけを

・肩甲骨全体を動かすように意識して行うと、肩の周辺のこりを和らげる効果も

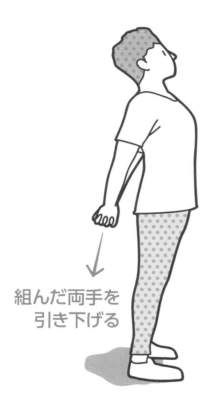

視線は斜め上に。頭を後ろへ反らしすぎると首を痛める可能性がある

組んだ両手を引き下げる

2

息をゆっくり吸いながら両手を引き下げて、さらに大きく胸を張り15秒間キープ

▶ 目　標

1セット

No.20 転倒予防に効果がある

1 横向きに寝て、右ひじを床につけて
体を支え、上体を起こす

視線は
まっすぐ前に

真上から見ると
体が一直線になる姿勢に

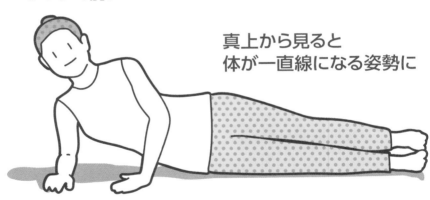

ココを鍛える！
お尻の上部

・お尻上部にある中臀筋を鍛える

・片足立ちになったときにバランスを保つために重要な
　筋肉

2 ４秒間かけてゆっくり左足を引き上げる。
その後、４秒間かけてゆっくり１の姿勢に
戻る。反対側も行う

つま先は
常に正面に向ける ———●

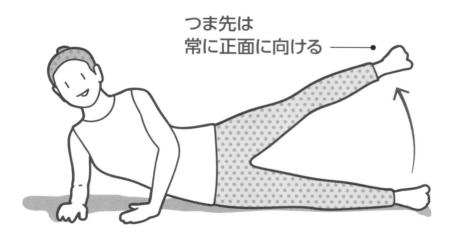

🚩 目　標

きつい！と感じる回数×１〜３セット
または10回×３セット

No.21 体の奥の筋肉を伸ばす

1 前後に大きく足を開く

左手は太ももの上に

右手はお尻の上に

ひざと爪先は同じ方向（前方）に向ける

ココを伸ばす!

大腰筋

・体の奥深くで背骨と大腿骨（だいたい）をつないでいる大腰筋を
　伸ばす

・姿勢を改善する効果や股関節の柔軟性を高める効果
　もある

2 右手で腰をぐっと押し出しながら、息を吐きつつゆっくり上半身を沈め、そのまま15秒間キープ。反対側も行う

上半身は
まっすぐの
状態をキープ

🚩 目　標

左右各１セット

No.22 おなかを引き締める

1 あおむけになり、胸の前で腕を組み、両ひざを立てる

頭は少し浮かせておく

2 息を吐きながら4秒間かけて、背中を丸めながらへそをのぞき込むように上体を起こし、息を吸いながら4秒間かけて1の姿勢に戻る

ココを鍛える！
おなか

・腹筋の衰えは、ぽっこりおなかや腰痛の原因に
・最初は肩甲骨が床から離れるくらいで十分。反動をつけずにゆっくりと行う

首が痛い場合は、両手を頭の後ろで組んで行う

へそを見る

おなかの真ん中を意識

背骨をひとつずつ床から離すイメージ

▶目　標

きつい！と感じる回数×1〜3セット

No.23 いすひざ上げ

1 いすに浅く座り、両手で座面をつかむ。上体をやや後ろに傾け、両足を少し浮かせる

背もたれに
寄りかかってもOK

両足は常に
浮かせたまま
繰り返す

ココを鍛える！
おなか　太もも前側

・おなかの筋肉が弱くなると腰痛や便秘などの不調の原因にも

・おなかにある筋肉の中で、姿勢を維持する大腰筋を鍛える

2 息を吐きつつ4秒間かけて上体を起こしながら両ひざを胸に引き寄せ、息を吸いながら4秒間かけて1の姿勢に戻る

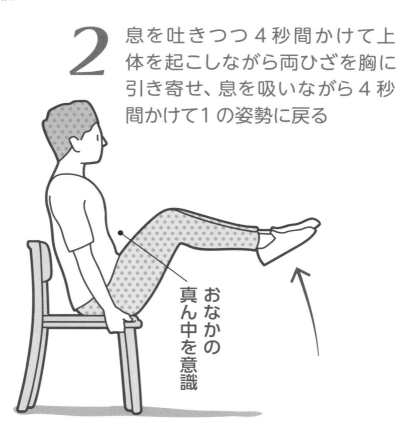

おなかの真ん中を意識

🏴 目　標

きつい！と感じる回数×1〜3セット

おなかまわりを
伸ばす

1 うつぶせになり、
腕を使い上体を
起こす

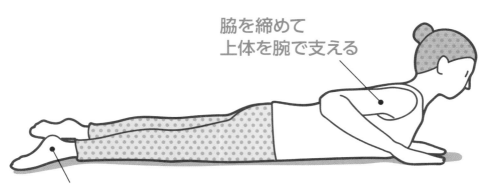

脇を締めて
上体を腕で支える

足は肩幅よりやや広めに開く

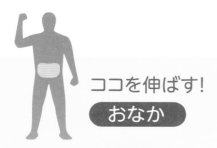

ココを伸ばす!

おなか

・上体をゆっくり起こしておなか周辺の筋肉をほぐす
・体幹から反ることを意識する

2 背中をゆっくり反る。みぞおちから反るイメージで15〜30秒キープ

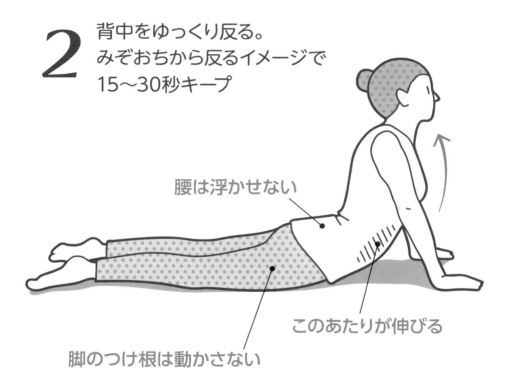

腰は浮かせない

このあたりが伸びる

脚のつけ根は動かさない

⚑ 目　標

1セット

脇腹を引き締める

1

右手は耳の後ろに添える。右脚を横に開き、足を床から少し浮かせる

右足は浮かせたままに →

ココを鍛える!

脇腹　　お尻上部

・脇腹を意識して、できるだけ縮めてから元に戻すのがポイント
・おなかの横の筋肉は真ん中の筋肉と同様に、姿勢を維持するために重要

2

胸を張ったままで、息を吐きながらひじとひざを4秒間かけてくっつける。その後息を吸いながら4秒間かけて1の姿勢に戻る。反対側も同じように行う

手と頭は離さない

くっつける

脇腹を意識

片脚立ちでぐらつく場合は、壁やいすにつかまってもOK

🚩 目　標

10回×3セット

横向きお尻上げ

1 床に横向きに寝てひざを軽く曲げ、上体を起こして左ひじと前腕を床につける。右手は腰に添える

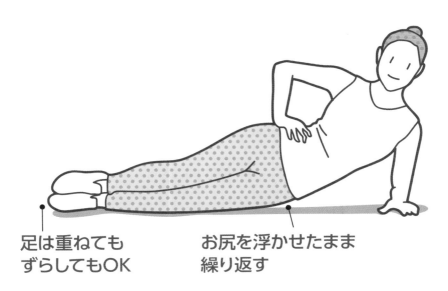

足は重ねても
ずらしてもOK

お尻を浮かせたまま
繰り返す

ココを鍛える!

脇腹

・ひざを曲げることで、脇腹の筋肉を強く使うようにする

・脇腹を押し上げるようなイメージで、ゆっくりとお尻を動かす

2 息を吐きながら4秒間かけてお尻を持ち上げ、息を吸いながら4秒間かけて1の姿勢に戻る。反対側も同じように行う

体が前に倒れないように

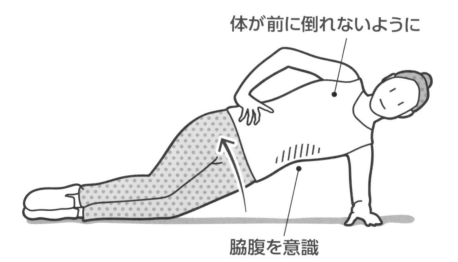

脇腹を意識

▶目　標

きつい！と感じる回数×1セット
または5～10回×1セット

おなかの筋肉を
伸ばす

1 床にあお向けになって腕を真横に広げ、
右太ももを起こしてひざを曲げる

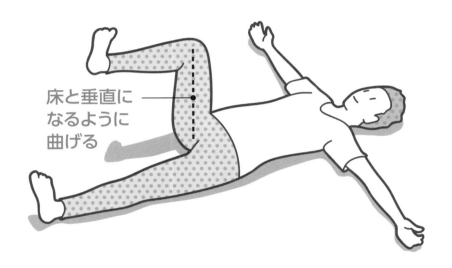

床と垂直に
なるように
曲げる

ココを伸ばす！
おなか

・太ももは体の軸に対して直角をキープ

・腰と首を逆方向へひねることで脇腹周辺の筋肉が伸び、腰痛改善の効果がある

顔は反対側に
向ける

肩は浮かない
ように

右脚は無理に
床につけない

2 顔を右側へ向けると同時に、右脚を左側に倒していく。腰の伸びを感じながら20秒間キープする。反対側も同じように行う

🚩 目　標

左右各1セット

ペットボトル腕上げ

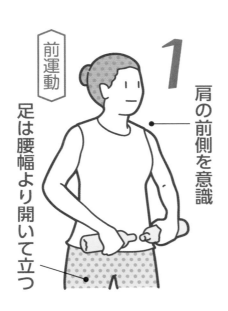

前運動

足は腰幅より開いて立つ

肩の前側を意識

ひじの角度は変えない

ペットボトルをおなかの前で持ち、ひじを軽く曲げる

息を吐きながら4秒間かけて腕を肩の高さまで前に上げ、息を吸いながら4秒間かけて1の姿勢に戻る

ココを鍛える！

肩

・500ミリリットルの中身の入ったペットボトルをダンベル代わりに使って肩の筋肉を鍛える

・肩の前側、横側、後ろ側（No.29）をバランスよく鍛え五十肩を予防

横運動

肩の横側
を意識

ペットボトルはおなかの横で持ち、息を吐きながら4秒間かけて腕を肩の高さまで横に上げ、息を吸いながら4秒間かけて元の姿勢に戻る

▶ 目　標

前運動・横運動それぞれ、
きつい！と感じる回数×1〜2セット
または10回×1〜2セット

ペットボトル腕上げ
【パート2】

1

肩の後ろ側を
意識

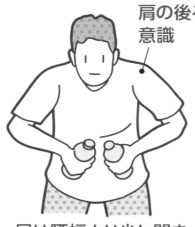

体を前傾させてお尻を
突き出す。ひじを軽く曲
げてペットボトルをおな
かの前で持つ

足は腰幅より少し開き、
ひざを軽く曲げる

ひじの角度は変えない

ココを鍛える！

肩

・肩の後ろ側に筋肉をつける。前側・横側（No.28）と一緒に鍛える

・重さが物足りなくなったら、1リットルの中身の入ったペットボトルに替える

応用

ひじを伸ばして同様に上げると強度が上がる

2

息を吐きながら４秒間かけて腕を肩の高さまで前に上げ、息を吸いながら４秒間かけて１の姿勢に戻る

▶ 目 標

きつい！と感じる回数×１〜２セットまたは10回×１〜２セット

No.30 荷物を持つための バッグ腕上げ

バッグに無理のない重さの本やペットボトルを入れ、足を肩幅に広げて立つ。息を吐きながら4秒間かけてひじを曲げ、息を吸いながら4秒間かけて1の姿勢に戻る。反対側も同様に行う

1 〈前面〉

手のひらは前向きに

2

脇を締め、二の腕の前側を意識

ココを鍛える！

二の腕

・エコバッグを使って手軽に二の腕を鍛える
・本などのおもりになるものを入れ、ダンベル代わりに
　持ち上げる

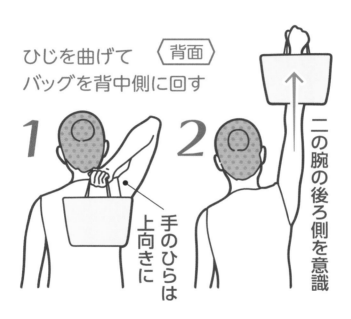

ひじを曲げて
バッグを背中側に回す

〈背面〉

1

2

手のひらは上向きに

二の腕の後ろ側を意識

🚩 目　標

きつい！と感じる回数×1～2セット
または10回×1～2セット

No.31 ペットボトル腕回し

1 ペットボトルを肩の高さで持つ

足は肩幅より少し広く開く

スッと上げる

2 息を吐きながら、ひじを伸ばして腕を真上に伸ばす

ココを鍛える！
肩まわり

・バンザイして大きな弧を描くようにペットボトルを下ろす
・肩を大きく動かすことで、肩こりの解消につながる

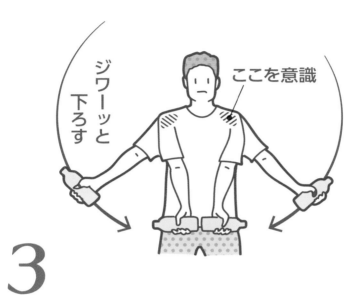

ジワーッと下ろす

ここを意識

3

肩の力を抜かずに、腕をゆっくり横に下ろしていく。
腕を下ろしきったら1の姿勢に戻る

▶ 目　標

きつい！と感じる回数×3セット
または10回×3セット

舟こぎストレッチ

1 足を肩幅に開いて立ち、息を吐きつつ、
ゆっくり手を伸ばしながら背骨を丸める。
腕が伸びきったところで15秒間キープ

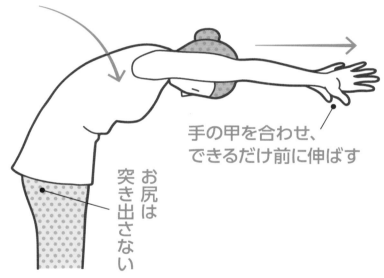

手の甲を合わせ、
できるだけ前に伸ばす

お尻は
突き出さない

各15秒間キープのときは素早く
吸って、ゆっくり吐くを繰り返す

ココを伸ばす！

肩まわり　背骨まわり　胸　背中

・ボートをこぐような動作で、体幹の筋肉である胸筋と背筋がほぐれる

・肩と肩甲骨を大きく動かすので、肩周辺の筋肉もほぐれてくる

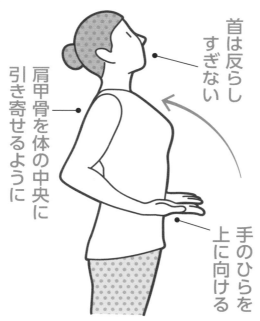

首は反らしすぎない

肩甲骨を体の中央に引き寄せるように

手のひらを上に向ける

2 上体を起こしながら、ひじをゆっくり後ろへ引いていき、大きく胸を張ったまま15秒間キープする

🚩 目 標

1→2→1・・・を2〜3回繰り返す

No.33 股関節おじぎ

1 足を肩幅に開いて立ち、手を胸の前で交差させて、胸を張る

背筋を伸ばす

2 お尻を後ろに突き出しながら、息を吸いつつ4秒間かけて上体を倒し、息を吐きながら4秒間かけて1の姿勢に戻る

ココを鍛える！　太もも裏側

お尻　大腰筋　背中中央部

78

・自然な脊柱（せきちゅう）の姿勢を維持する働きがある脊柱起立筋と大腰筋を鍛える

・背中の筋肉で姿勢を維持し、お尻と太ももの筋肉で股関節を動かす

背中が床と平行になるくらいまで倒す。背中を丸めると、腰を痛める原因になるので注意

首は反りすぎず自然な向きに

ひざは軽く曲げる。ひざが伸びていると、股関節が曲がりにくくなる

◤ 目　標

きつい！と感じる回数×１〜３セット
または10回×３セット

No.34 体幹の安定性を高める

1 いすの背に右手をかけ、背筋を伸ばしてまっすぐ立つ

しっかり安定したいすを選ぶ

左腕は伸ばしたまま

ココを鍛える！ 背中 おなかの周囲 大腰筋 お尻 太もも裏側

80

・体幹の姿勢を意識して、バランスを崩さないように手足を上げる

・手足を上げた状態で2秒間停止するとより効果的

2 息を吐きつつ4秒間かけて体を前傾させながら、左手と左足を一直線に上げる。息を吸いながら4秒間かけて1の姿勢に戻る。5〜10回繰り返したら、反対側も行う

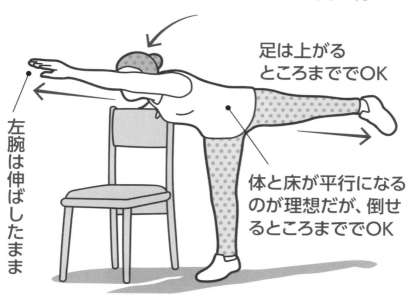

足は上がる
ところまででOK

左腕は伸ばしたまま

体と床が平行になる
のが理想だが、倒せ
るところまででOK

◤目　標

5〜10回×3セット

背中全体を
ストレッチする

1 両ひざを曲げて座り、両手をひざの裏で組む

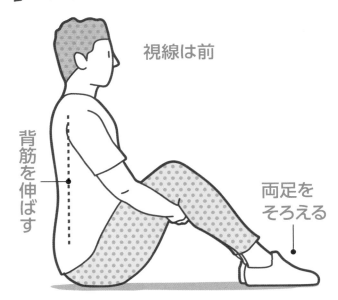

視線は前

背筋を伸ばす

両足を
そろえる

ココを伸ばす!

背骨まわり　　背中

・背骨と肩甲骨周辺の筋肉の柔軟性を高め、背中のハリ
　やこりの解消に効果がある

・背骨を丸める際は、腰から首へ、背骨を順に丸めてい
　くイメージで行う

2 組んだ両手で上体を引きつけつつ、ゆっくり息を吐きながら、背中をできるだけ大きく丸め15秒間キープ

へそを見るように
背中を丸める

両足は床に
つけたまま

🚩 目　標

1セット

体の背面全体を鍛える

1 両腕を前に伸ばした状態でうつぶせに寝る。息を吐きながら4秒間かけて、左腕と右脚を床から無理のない程度に浮かせ、2秒間キープ

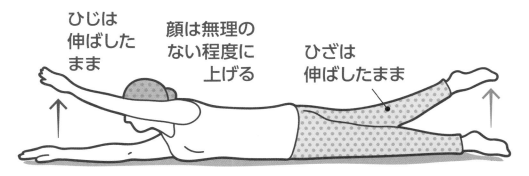

ひじは伸ばしたまま

顔は無理のない程度に上げる

ひざは伸ばしたまま

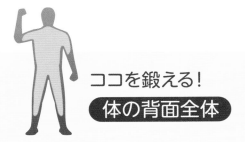

ココを鍛える！

体の背面全体

・肩、背中、お尻に働きかけ、猫背や肩こりを予防する
・へそのあたりを中心に背中を反らせるイメージで

2 息を吸いながら、スタートの体勢に
4秒間かけて戻った後、反対側の
右腕と左脚も同じように浮かせて、
2秒間キープ

 目　標

6～10回×1～2セット

No.37 肩まわりのストレッチ

1 よつんばいになり、
左手を曲げて床につけ、
右手は前に伸ばす

腰を上げる

頭を
下げる

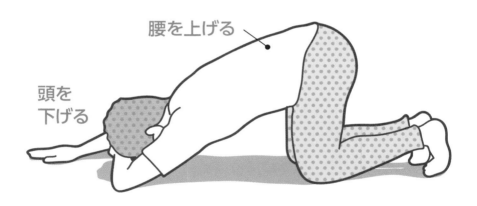

ココを伸ばす!

肩まわり　　背中

・肩関節周囲の筋肉と結合組織に働きかけ、肩まわりを
　ほぐす
・繰り返し伸ばすことで、肩と肩甲骨の可動域が広がる

2 1の状態からお尻を左側斜め後ろに突き出すイメージで、肩と背中を伸ばし15〜20秒キープ。手を入れ替えて反対も同様に行う

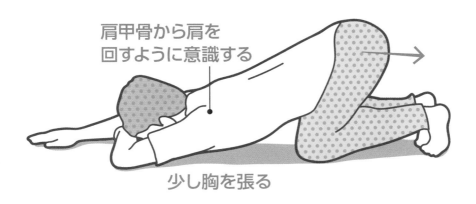

肩甲骨から肩を
回すように意識する

少し胸を張る

▶ 目　標

左右各1セット

No.38 お尻を鍛えて転倒を予防する

1 まっすぐ立ち、右手をいすの背に添える。右脚の太ももを上げる

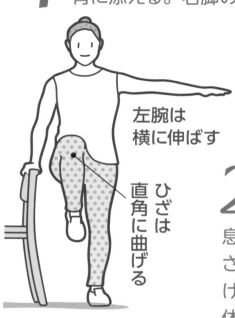

左腕は
横に伸ばす

ひざは
直角に曲げる

2 息を吐きつつ左ひざを4秒かけて曲げながら、右脚を体の後ろへ滑らせるように伸ばす

ココを鍛える!

お尻　太もも

・お尻の筋肉は片脚立ちの際、体のバランスを保って転倒を防ぐ
・膝と股関節の安定性が増し、広い歩幅で安定した歩行につながる

3 息を吸いながら両脚でスッと立ち、1の姿勢に戻る。反対側も同様に行う

お尻の筋肉を意識

軸足のひざをできる範囲で曲げる

▶ 目　標

きつい！と感じる回数 1～3セット
または5～10回×1～3セット

No.39 股関節の周囲を伸ばす

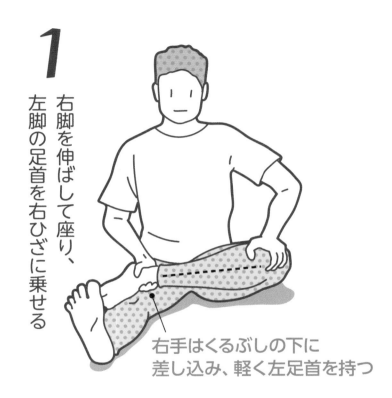

1

右脚を伸ばして座り、左脚の足首を右ひざに乗せる

右手はくるぶしの下に差し込み、軽く左足首を持つ

ココを伸ばす！

脚のつけ根

・股関節を内向きにひねる筋肉（中殿筋・小殿筋など）を
　伸ばしてほぐす

・これらの筋肉が硬くなると、歩行やランニングの際に
　ひざの障害につながる

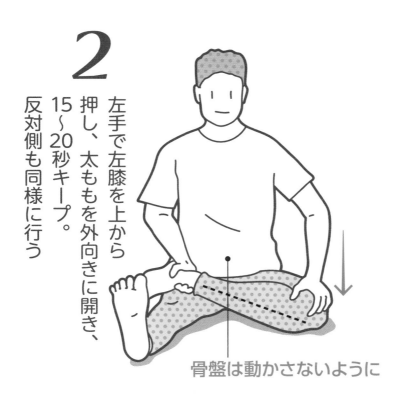

2

左手で左膝を上から
押し、太ももを外向きに開き、
15〜20秒キープ。
反対側も同様に行う

骨盤は動かさないように

◤ 目　標

左右各1セット

No.40 太もも内側の ストレッチ

両手は力を入れず、
ひざの近くに
添えておく

目線は
正面のまま

1 床に座り、両足をできるだけ
開き、背筋を伸ばす

ココを伸ばす！
脚のつけ根

・太ももの内側の筋肉（内転筋）を伸ばしてほぐす
・歩行時に股関節とひざが安定し、腰痛の予防にもつながる

2 左手で右ももに触れ、右手を左足方向にできるだけ伸ばし、15〜20秒キープ。反対側も同様に行う

つま先の方へ手を伸ばすイメージで

🚩 目　標

左右 各１セット

おわりに

　本書では、特別な器具を使わず、家庭で簡単に行えるスロトレ 25 種目と、ストレッチ 15 種目を紹介しています。これらは、2022 年6月から 2023 年3月にかけて毎週木曜日の東京新聞に連載したもので、健康で自立した生活を送るために重要と考えられる下肢・体幹の筋肉の種目を中心に選びました。

　スロトレとストレッチを合わせると 40 種目にもなりますが、これらをすべて行わなければならないわけではありません。まず、痛みや違和感を伴わず、無理なく行えるものを、スロトレとストレッチのそれぞれから 4 種目ほど選んで行っていただくのがよいでしょう。楽に行えるようになったら、新しい種目にチャレンジしましょう。

　同じ種目は毎日行う必要はありません。週2、3回行えば十分に効果があり、毎日行うとかえって疲労の蓄積につながることもあります。同じ種目が週2回巡ってくるように、ゆとりのある計画を立てることも、トレーニングを長続きさせるために重要です。

多くの方にとって、トレーニングそのものは決して楽しいものではないと思います。ジムなどでトレーニングをしていれば、より重い負荷を扱えるようになってきますので、それがトレーニングを続ける動機づけになります。つまり、効果が得られてこそ楽しいものとなるわけです。

　一方、器具を使わないトレーニングの場合、効果を数字で実感することは困難です。その分、日常生活での微妙な体調の変化を意識していただくのがよいと思います。「以前より疲れにくくなった」、「階段の上り下りが楽になった」など、ちょっとした効果であっても、それを感じられればトレーニングを続ける励みなるでしょう。

　最終的には、こうして得られた効果を、より活動的な日常生活や趣味などに活かすことが重要です。筋肉をはじめとする運動器の機能向上→活動的な生活→さらなる運動器の機能向上といった好循環をもたらすと考えられるからです。この好循環こそ、健康長寿の要になるといえるでしょう。本書がそのための一助となれば幸いです。

2023 年 2 月

石井直方 いしい・なおかた

1955年、東京都生まれ。東京大学理学部卒業、同大学大学院博士課程修了。理学博士。同大学名誉教授。同大学大学院総合文化研究科教授、同大学スポーツ先端科学研究拠点長を歴任。専門は筋生理学、運動生理学。筋肉研究の第一人者。学生時代からボディビル、パワーリフティングの選手としても活躍し、日本ボディビル選手権優勝・アジア選手権優勝・世界選手権第3位などの実績を誇る。

少ない運動量で大きな効果を得る「スロトレ」の開発者。エクササイズと筋肉の関係から老化や健康についての明確な解説には定評があり、現在の筋トレブームの火付け役的な存在。著書は『スロトレ』（高橋書店）、『筋肉革命』（講談社）など多数。

かんたんBESTスロトレ＆ストレッチ

2023年5月27日　第1刷発行

著　者	石井直方
発行者	岩岡千景
発行所	東京新聞
	〒100-8505　東京都千代田区内幸町2-1-4
	中日新聞東京本社
	電話　［編集］　　03-6910-2521
	［営業］　　03-6910-2527
	FAX　　　03-3595-4831
カバーデザイン	竹田壮一朗(TAKEDASO. Design)
本文デザイン	竹田壮一朗(TAKEDASO. Design)
イラスト	高橋達郎(東京新聞 編集局新聞開発室)
印刷・製本	シナノ パブリッシング プレス

ISBN978-4-8083-1085-1　C2075